HOW DO YOU FEEL?

A BOOK OF EMOTIONS FOR KIDS

©GRETE GARRIDO

THIS TERRIFIC BOOK BELONGS TO:

✸ **What do you think he could do if he feels that way?**

_____

✸ **How could others help him?**

_____

✸ **Do you feel that way sometimes? When?**

How do you think he feels?

○ **Loving**
○ **Sad**

✵ **What do you think he could do if he feels that way?**

[   ]

✵ **How could he share it with others?**

[   ]

✵ **Do you feel that way sometimes? When?**

How do you think he feels?

I don't know what's wrong with me

○ Confused
○ Angry

☀ **What do you think he could do if he feels that way?**

☀ **How could others help him?**

☀ **Do you feel that way sometimes? When?**

How do you think he feels?

"it may all go wrong"

○ Bored
○ Worried

✺ **What do you think he could do if he feels that way?**

_____
_____

✺ **How could others help him?**

_____

✺ **Do you feel that way sometimes? When?**

How do you think he feels?

○ Shy
○ Playful

✳ **What do you think he could do if he feels that way?**

_____

✳ **How could others help him?**

_____

✳ **Do you feel that way sometimes? When?**

How do you think he feels?

○ Lonely
○ Happy

★ **What do you think he could do if he feels that way?**

★ **How could he enjoy it with others?**

★ **Do you feel that way sometimes? When?**

How do you think he feels?

○ Bored

○ Tired

✸ **What do you think he could do if he feels that way?**

✸ **How could others help him?**

✸ **Do you feel that way sometimes? When?**

How do you think he feels?

○ Nervous
○ Misunderstood

✸ **What do you think he could do if he feels that way?**

✸ **How could others help him?**

✸ **Do you feel that way sometimes? When?**

How do you think he feels?

○ Scared

○ Confused

✸ **What do you think he could do if he feels that way?**

✸ **How could others help him?**

✸ **Do you feel that way sometimes? When?**

How do you think he feels?

○ Surprised
○ Tired

✸ **What do you think he could do if he feels that way?**

✸ **How could others help him?**

✸ **Do you feel that way sometimes? When?**

How do you think he feels?

○ Sad

○ Angry

✷ **What do you think he could do if he feels that way?**

```
_____
_____
```

✷ **How could others help him?**

```
_____
```

✷ **Do you feel that way sometimes? When?**

How do you think he feels?

○ Anxious

○ Regreted

✸ **What do you think he could do if he feels that way?**

✸ **How could others help him?**

✸ **Do you feel that way sometimes? When?**

✸ **What do you think he could do if he feels that way?**

_____

_____

✸ **How could others help him?**

_____

✸ **Do you feel that way sometimes? When?**

How do you think he feels?

Has it arrived yet?

and now?

and now?

○ Jealous
○ Impatient

✸ **What do you think he could do if he feels that way?**

✸ **How could others help him?**

✸ **Do you feel that way sometimes? When?**

How do you think he feels?

○ **Curious**

○ **Angry**

✴ **What do you think he could do if he feels that way?**

```
_____
```

✴ **How could others help him?**

```
_____
```

✴ **Do you feel that way sometimes? When?**

How do you think he feels?

ji, ji, ji

○ Playful

○ Tired

✸ **What do you think he could do if he feels that way?**

✸ **How could he enjoy it with others?**

✸ **Do you feel that way sometimes? When?**

www.ingramcontent.com/pod-product-compliance
Lightning Source LLC
LaVergne TN
LVHW070540070526
838199LV00076B/6816